ES TU VIDA, HAZLA TU EXITO

Manual práctico para la superación personal

Maria Burns

Título Original

Es tu Vida, hazla Tu Éxito

Segunda Edición

©2015, Maria Burns

AGRADECIMIENTOS

Este libro es el símbolo de mi gratitud hacia la Vida, el Universo y Dios.

A mi esposo Steve que siempre me ha apoyado en todos mis proyectos.

Muy especialmente agradezco a mis amigos y hermanos del alma Lenin y Millet que han contribuido enormemente a mi crecimiento espiritual y profesional.

A todas esas personas que me ayudaron a estar donde estoy ahora y que me han inspirado con sus conocimientos y sus historias, pero principalmente a mis hijos Ivan y Alan, que vivieron conmigo momentos en que lloramos juntos y momentos de alegría y felicidad, ustedes son el motor de mi existencia.

Gracias, Gracias, Gracias.

PROLOGO

Muchas personas conocen La Ley de la Atracción, pero no a todos les ha dado buenos resultados, para algunos funciona un poco y entonces se quedan atascados en un punto y pareciera que no pueden avanzar más, para otros definitivamente no funciona y solo para muy pocas personas funciona de maravilla y logran todos sus sueños.

Mi propósito de vida es enseñarte el camino, tengo fe en ti y sé que lo vas a lograr. Solo te pido que abras un poquito tu corazón y dejes entrar este conocimiento y lo más importante: PONLO EN PRACTICA, la primera vez que leas este libro no lo analices, solamente siéntelo, permítete leer con el alma y no con tu mente consciente y aunque al principio no lo entiendas totalmente date la oportunidad de intentarlo, poco a poco iras comprendiendo el concepto un poco más.

Decidí escribir este libro para ayudarte y darte una guía práctica de lo que funciono para mí, todas las personas somos diferentes, pero sé que vas a encontrar sugerencias y prácticas que te harán el camino más fácil.

Este libro ha llegado a ti por una razón, escucha tu voz interior y date la oportunidad de un futuro brillante.

EL ORIGEN DE ESTE LIBRO

Cuando empecé el viaje hacia mi Éxito, estaba perdida, no sabía por dónde empezar, estaba atrapada en el vórtice de esto que llamamos vida y sentía que no tenía ninguna esperanza de salir de ese círculo vicioso en el que estaba dando vueltas en el mismo lugar.

Originaria de Veracruz México había emigrado a Estados Unidos escapando de la pobreza y violencia domestica pero principalmente buscando un futuro mejor para mí y para mis dos hijos.

Crecí en una familia de clase media baja, en un lugar pequeño donde muy poca gente se traslada a otros lugares, todo el mundo se conoce y todo el mundo trata de apegarse a lo que la mayoría considera "bien visto por la sociedad" para que los demás no hablen mal de ellos, siempre tuve un alma rebelde y no me adaptaba a las costumbres de mi pequeño pueblo, me case muy joven e inexperta como mucha de nuestra gente en México, mi matrimonio fue muy inestable y violento, al punto que sabía que si no "ponía tierra de por medio" mi vida corría peligro.

En una plática entre vecinos escuche acerca de familiares que ya habían emigrado a Estados Unidos y como la vida había cambiado para ellos, eran más solventes económicamente se daban algunos lujos como: pasear, comprar autos, ropa bonita etc., y cuando estás pasando por una vida de miseria te convences a ti misma que todo lo que necesitas es cruzar la frontera y listo, todos tus problemas se van a solucionar con solo poner un pie en este hermoso país y vas a venir a barrer los dólares, pero me encontré con la sorpresa de que no es así, la vida no es tan fácil como parece, llegas sin un estatus legal que hace difícil que encuentres empleo y si tienes la suerte de obtenerlo muchas veces después que te contratan empieza el proceso de checar tus documentos y te despiden por no tener un permiso para trabajar, por otro lado está la barrera del idioma, yo no hablaba Inglés y por si todo esto no fuera suficiente, tienes que adaptarte a la cultura y las leyes que son diferentes a las de tu país, así que aquí me encontraba en una situación precaria con dos hijos y en el momento más difícil de mi vida, sin familia, ni amigos a quien recurrir, en un torbellino de sucesos donde todo lo malo me pasaba a mí, había sido objeto de violación, me encontraba sin trabajo, sin dinero y sin un lugar en donde vivir, si esto ya era deprimente, el solo hecho de pensar que había arrastrado a mis dos hijos a una vida de estragos era lo más doloroso, no tenía esperanzas, pensaba que el resto de mi vida seria de la misma manera, estaba pagando por algo que no comprendía exactamente, pero estaba segura que era mi culpa, probablemente era un castigo por los errores que había cometido en el pasado.

Cuando más obscuro es el camino aparece la luz al final del túnel y de manera inesperada llego a mi vida un nuevo conocimiento por medio de un libro "METAFISICA", "FISICA QUANTICA" o como todo el mundo la conoce "LA LEY DE LA ATRACCION" aunque no entendía muy bien cómo funcionaba y dudaba mucho que fuera cierto, algo en mi interior se aferraba a la idea de que era posible, así que decidí que no tenía nada que perder y lo empecé a poner en práctica, no te voy a mentir y decirte que fue fácil, muchas veces me deje llevar por las circunstancias y problemas que la vida te pone en el camino y me olvide de este concepto, pero cuando mi vida se complicaba, recordaba esto y volvía a ponerlo en práctica y cada vez más me aferraba a él, como si fuera mi salvavidas, me convertí en una esponja buscando confirmar el concepto de la metafísica, leyendo otros libros como "El Secreto" "Piense y hágase Rico" y muchos otros más, buscaba videos del mismo tema, pero algo no estaba funcionando al cien por ciento como yo quería, hasta que finalmente descubrí el verdadero "secreto" detrás de La Ley de la Atracción. El cambio en mi como persona ha sido extraordinario, me siento llena de energía y de amor hacia los demás, soy un ser más espiritual con un inmenso deseo de compartir este "secreto", mi vida ha cambiado y he logrado cosas que en el pasado nunca las hubiera considerado posibles.

Al contarte parte de mi historia no pretendo hacerme la víctima o espero que te compadezcas de mí, tengo la certeza de que las piedras con las que tropezamos nos hacen crecer como personas y que cada situación sucede por alguna razón que en su momento no comprendemos, pero que más adelante descubrimos el "porque", talvez tu vida no haya sido como la mía, a lo mejor hayas tenido que superar obstáculos mayores comparados con los que yo pase, o simplemente tu vida no haya sido tan trágica, solo quiero que sepas que es posible lograr tus metas y sueños si en realidad lo decides.

La mayoría de las veces vemos todo lo que llega a nosotros a través del lente con el que estamos acostumbrados a ver, pero si quieres resultados diferentes a los que has obtenido hasta este momento es hora de cambiar el lente y adquirir conocimientos diferentes, tal vez al principio no los puedas entender completamente, pero te aseguro que si los pones en práctica tu vida va a cambiar y vas a lograr el éxito que tanto has soñado.

INDICE

	Pagina
CAPITULO 1. PARADIGMAS	13
CAPITULO 2. EVITA LA NEGATIVIDAD	21
CAPITULO 3. EL PODER ESTA EN TI	29
CAPITULO 4. LA GRATTITUD	34
CAPITULO 5. LA FELICIDAD	39
CAPITULO 6. TU VISION PARA EL FUTURO	44
CAPITULO 7. SEGURIDAD EN TI MISMO	49
CAPITULO 8. AFIRMACIONES	53
CAPITULO 9. MEDITACION	60
CAPITULO 10. TODO ES CREADO DOS VECES	66
CAPITULO 11. RESUMEN: BLUEPRINT	71
BONO DE REGALO	75

CAPITULO 1

PARADIGMAS

La vida siempre nos trae cosas inesperadas y la mayoría de las veces no son de nuestro agrado: todo nos sale mal, no obtenemos el empleo que solicitamos, se nos descompone el auto, tenemos un accidente, etc. o talvez todo nos está saliendo de maravilla pero como ya nos ha pasado anteriormente estamos anticipando que algo malo sucederá muy pronto y efectivamente somos excelentes prediciendo el futuro, lo que consecuentemente nos trae frustración y decepción, estamos tan predispuestos a las fatalidades que nos pasan constantemente y el motivo es porque hemos sido condicionados para eso, en nuestro subconsciente creemos que no todo puede ser felicidad y que algo malo viene en camino.

Todos hemos escuchado la frase: El rico se hace más rico y el pobre se hace más pobre, y esto es porque si vivimos en un ambiente de pobreza donde siempre hay carencia, creemos que siempre va a ser así, en cambio una persona que ha vivido en la riqueza y nunca ha sufrido estragos, sabe que su vida puede ser diferente incluso cuando pierda toda su riqueza, sabe que es posible, e inevitablemente volverá a adquirirla, este es el caso de renombrados millonarios que en algún momento de sus vidas perdieron todo, pero sin darse por vencidos volvieron a acumularla y en mayor cantidad. Estos son los condicionamientos en nuestra mente, que en algunas personas pueden ser positivos y en otros negativos.

Estos condicionamientos o paradigmas simplemente son creencias que hemos creado en nuestro subconsciente y el secreto está en cambiarlos, pero estamos tan acostumbrados a estos conceptos que a veces nos es difícil hacerlo.

Algunos ejemplos de estos condicionamientos que tenemos arraigados serian:

"Yo no puedo"

"Yo no sirvo para eso"

"Todo me sale mal"

"Siempre que intento algo nuevo, fracaso"

"No siempre se puede tener todo en la vida"

"Lo importante no es ganar sino competir"

"Es mejor tener amigos que dinero"

"El dinero no compra la felicidad"

Y muchos otros más...

Una forma sencilla de entender cómo es que formamos estos paradigmas es con el ejemplo de los elefantes en el circo, como te habrás dado cuenta estos hermosos animales tienen una fuerza descomunal, pero aun así los ves encadenados a una pequeña estaca clavada en el piso, que si el elefante quisiera la removería fácilmente, pero no lo hace, ¿porque? La razón es que desde muy tierna edad es encadenado y es entonces cuando el pequeño elefante trata y trata mil veces de liberarse, al ver que no es posible se da por vencido y graba este suceso en su cerebro, así que nunca más lo intenta de nuevo. Nosotros somos muy parecidos a estos elefantes cargando con creencias limitantes por el resto de nuestras vidas, creencias que han sido grabadas en nuestro subconsciente en el pasado ya sea por alguna mala experiencia o por condicionamientos externos que vivimos en algún momento, y por supuesto sin atrevernos a intentar de nuevo.

La buena noticia es que podemos cambiar estos paradigmas, podemos romper estas creencias limitantes e implantar nuevas y buenas creencias.

Un truco muy importante es estar consciente y alerta cuando estamos tratando de cambiarlos, porque es entonces cuando te vas a dar cuenta de esa pequeña voz en tu interior que te va a recordar todos tus viejos y malos paradigmas, pero si los detectas a tiempo poco a poco los vas a empezar a sustituir por nuevos y buenos conceptos de ti mismo.

En mi caso, cuando empecé a ser más consciente de mis pensamientos y la voz en mi interior me decía: "no te hagas ilusiones, tu sabes que no es posible" o "no vas a poder, ya lo has intentado anteriormente y tú no sirves para eso", en ese momento me decía a mí misma en voz alta: "Me niego a escuchar esto, tengo el derecho a lograr mis sueños y lo voy a hacer" al principio me sentía un poco tonta al estar hablando conmigo misma, porque estamos acostumbrados a escuchar nuestra voz interna pero contestarle en voz alta es algo que por lo regular no hacemos.

Recuerda, "la práctica hace al maestro" y con el tiempo lo vas a dominar, con persistencia y consistencia vas a cambiar tus viejas creencias por nuevas que te sirvan para alcanzar tus metas.

En el caso de los condicionamientos expuestos anteriormente en el momento que los detectes en tu mente cámbialos de condicionamientos negativos a positivos por ejemplo:

"Yo puedo"

"Yo sirvo para esto y mucho más"

"Todo me sale estupendamente"

"Siempre que intento algo nuevo, tengo éxito"

"Puedo tener todo en la vida"

"Lo importante siempre es ganar"

"Es bueno tener amigos y dinero"

"La felicidad y el dinero van de la mano"

Más adelante te enseñare algunas prácticas para cambiarlos.

Como te habrás dado cuenta el cambio lo tenemos que hacer en nuestro interior, todo lo que sucede a nuestro alrededor es el reflejo de lo que pasa en nuestra mente y todo lo vemos de acuerdo a los límites del conocimiento que poseemos.

Hace tiempo atrás escuche esta frase:

"Tus Resultados son el reflejo de lo que eres por dentro"

O en otras palabras Tu mundo exterior es un reflejo de tu mundo interior, y analizándola a profundidad es totalmente cierto, vivimos con constantes distracciones que nos hacen difícil concentrarnos en lo que si queremos en nuestra vida y no tomamos responsabilidad de nuestros pensamientos, nuestra mente es como un changuito saltando de un árbol a otro, tenemos millones de pensamientos durante el día y comúnmente estos son impuestos por los acontecimientos de la vida diaria.

Toma responsabilidad de tu vida en este momento y cambia el rumbo, nunca es demasiado tarde para hacerlo, si inevitablemente vas a vivir los años que te quedan, ya sean estos: 1, 10, o 50 años, porque no hacerlo teniendo el control de ti mismo y construyendo la vida que te gustaría vivir y que por DERECHO DIVINO te mereces.

CAPITULO 2

EVITA LA NEGATIVIDAD

A través de estudios conducidos por Juan Rof Carballo el padre de la medicina psicosomática y muchos otros más que han estudiado la relación entre psique, alma y cuerpo, han descubierto que muchas de las enfermedades son de origen psicosomático, esto quiere decir que el estrés, trauma y bloqueos energéticos o emociones negativas son el origen de dolores de cabeza, cuello y espalda así como padecimientos del corazón e hipertensión, muchas veces al liberarnos del estrés, tener una vida más sana y feliz o perdonar a alguien que nos ha hecho daño en el pasado y perdonarnos a nosotros mismos sana síntomas físicos en nuestro cuerpo, algunos métodos para lograr esto serian la Auto hipnosis y la PNL.

¿Que es la Auto hipnosis? Auto hipnosis es una práctica natural del cuerpo y de la mente con técnicas específicas para acceder a un estado de la consciencia de aprendizaje conducido por uno mismo y aplicar mensajes mentales positivos e imágenes para generar nuevas acciones, sentimientos y conocimientos para la curación y el éxito en la vida.

Una forma de practicar la auto hipnosis es la siguiente: encuentra una postura cómoda y empieza a concentrarte en cada parte de tu cuerpo y relájalo, puedes empezar por tus pies, piernas, manos brazos, tórax, hombros, cuello, cabeza o en orden descendiente, cualquiera que sea el método de tu preferencia, la idea es relajar el cuerpo y llevar la mente a un estado de calma y concentración, empezaras a sentir tu cuerpo pesado o por el contrario muy ligero, como si flotaras, cualquiera que sea la sensación está bien, pero al mismo tiempo notaras que tu mente está tranquila y alerta, cuando alcances ese estado estarás listo para implantar nuevas creencias en tu mente subconsciente, este es el momento para repetir afirmaciones positivas o imaginarte alcanzando tus metas, para algunas personas es mucho mejor usar una hipnosis guiada, si esta es de mejor ayuda para ti utilízala.

La PNL fue desarrollada en los años 70 en Estados Unidos por John Grinder y Richard Bandler, evolucionando las prácticas de psicoterapia hasta el desarrollo personal, cambiando de un estado actual (algo que quieres mejorar o cambiar) a un estado deseado (el estado que quieres alcanzar y que te dará mayor satisfacción) por medio de recursos internos (estados emocionales ligados a experiencias pasadas positivas).

Una técnica de la PNL es la de "anclar" una sensación o emoción que viviste en tu pasado, por ejemplo, para alguien que quiere perder peso, piensa en un momento en tu vida que estrenaste ropa nueva y te hicieron muchos halagos, recuerda cómo te sentiste: ¡Muy feliz!, los halagos siempre nos hacen sentir bien, ahora piensa en otro momento en que alguien te hizo sentir mal porque subiste de peso o te hicieron una broma de mal gusto por tu sobrepeso, en tu mente imagínate que tienes una pantalla de cine gigante, ahora pon la imagen agradable de cuando te sentiste muy bien en el lado izquierdo de tu pantalla, pero hazla en chiquito y enfrente de ti pon la imagen desagradable en grande, que abarque casi toda la pantalla, recuerda lo mal que te hace sentir esta imagen y poco a poco bórrala, pon la imagen en blanco y sustitúyela por la pequeña, esa que te hace sentir bien y al mismo tiempo que tienes esta imagen enfrente de ti tócate una parte del cuerpo, por ejemplo, el dorso de tu mano derecha, ahora esta imagen está en grande, haz borrado la anterior que te hacía sentir mal, disfruta este nuevo "yo", siente la satisfacción que sientes de tener el peso deseado, de verte y sentirte bien. El motivo por el cual vas a tocar tu mano derecha es para anclar las sensaciones y la experiencia que estás viviendo, con el tiempo y la repetición constante vas a lograr entrar en este estado conscientemente con solo tocarte la mano derecha.

Este mismo método puedes utilizarlo para cualquier otro sentimiento, condicionamiento o experiencia que quieras cambiar.

Al igual que esta hay muchas otras técnicas que te ayudaran a cambiar tu perspectiva de las cosas y te llevaran a reinventarte a ti mismo, la clave está en practicarlas muchas veces hasta que sientas el cambio en ti. La Negatividad siempre atrae más de lo mismo, evita lo más que puedas caer en ella.

Cuando estas en un estado de negatividad estas vibrando en una sintonía baja y como te mencione anteriormente tu vibración alta es la que te va a ayudar a estar en sintonía con tus metas o sueños y por consiguiente lograras tu éxito más fácilmente, muchas veces nos situamos en un estado negativo y esto pasa a nivel inconsciente, no nos damos cuenta de ello, si pones atención a la reacción de tu cuerpo cuando estas preocupado porque tienes que pagar tus cuentas o por cualquier otro motivo que te haga sentir preocupación o angustia, notaras que el corazón late un poquito más rápido de lo normal, tu presión sanguínea sube un poco, sientes nudos en el estómago o una sensación de nerviosismo, algo parecido pasa cuando estas deprimido, triste, enojado, nervioso o estresado. Todos estos sentimientos además de que pueden afectar tu salud también te alejan de tus metas. Recuerda: tienes que estar en sintonía con el Universo o Dios (cualquiera que sea tu creencia) para que te responda de manera eficaz y alcances tu meta.

Una forma fácil de entender esto es por ejemplo cuando estás viendo una película de terror en la televisión, sientes miedo y tu cuerpo refleja todos los síntomas que describí anteriormente, el corazón late más de prisa, sientes nervios, etc. si no te sientes a gusto con esta sensación cambias el canal a un programa cómico que te hace reír y te relaja, de la misma forma funciona La Ley de la Atracción, tienes que estar en la misma frecuencia de lo que deseas para atraerlo.

Por ejemplo: Si lo que quieres es libertad financiera, esa es la vibración que tienes que emanar, porque si lo que constantemente vibras y piensas es pobreza, entonces vas a atraer más de lo mismo.

La clave es RECONOCER LO QUE TU CUERPO EXPRESA, si te haces más consciente de lo que tu cuerpo te está diciendo aprenderás a detectar a tiempo esos cambios en tus sensaciones corporales y poco a poco te vas a entrenar en reconocer inmediatamente cuando no estás en una vibración alta o en "sintonía" con tus metas.

Los sucesos de la vida diaria te pueden desviar de tu enfoque y si estos son desagradables a veces es un poco difícil controlarlos, somos seres humanos y no somos perfectos, así que no te sientas mal si esto ocurre de vez en cuando, permítete llorar, patalear o hacer "berrinche" si eso te ayuda a desahogarte, haz lo que yo llamo una fiesta de "pobrecito de mi", pero no te quedes en ese estado por mucho tiempo, levántate nuevamente, sacúdete el polvo, pon tu cabeza en alto y enfócate con más energía que antes en acercarte a tu destino, tu sabes en el fondo de tu ser, que eres capaz y que lo vas a lograr. QUERER ES PODER.

CAPITULO 3

EL PODER ESTA EN TI

EL VAGABUNDO RICO. - Parábola

En la esquina de un barrio muy pobre se encontraba un vagabundo sentado sobre una caja de madera muy vieja, pidiendo limosna, al pasar una señora cerca de él, el vagabundo le dice "una limosna por favor" y la señora le responde "disculpe buen hombre pero no traigo cambio" y el vagabundo le contesta "no he comido desde hace dos días y muero de hambre" ella le responde "lo siento mucho, en verdad le ayudaría si pudiera... disculpe ¿Que hay dentro de la caja de madera en la que está sentado?" y el vagabundo le dice "no sé, esta pequeña caja vieja la encontré hace mucho tiempo, probablemente no contiene nada porque esta sellada, siempre la llevo conmigo a todas partes y me sirve para sentarme en ella, nunca la he abierto" la señora sigue su camino y el vagabundo quedándose con la curiosidad decide abrir la caja, para su sorpresa al abrirla descubrió que estaba llena de billetes, sin saberlo había sufrido miserablemente por años sin saber que era poseedor de una fortuna.

El poder de cambiar nuestro destino está dentro de nosotros mismos, así como este vagabundo, nosotros muchas veces buscamos fuera lo que ya poseemos, nos pasamos la vida buscando algo o alguien que nos proporcione lo que necesitamos, cuando todo el tiempo hemos estado sentados arriba de esa caja vieja llena del potencial necesario para empezar el camino hacia nuestro éxito.

Alguna vez has escuchado la frase "Ando en busca de mi media naranja" hemos crecido escuchando esto y creyendo que estamos incompletos y navegamos por la vida en busca de esa persona que nos complemente y que nos de amor, seguridad y felicidad, que equivocados estamos, el amor, la seguridad y la felicidad están dentro de nosotros mismos, nadie tiene el poder de darnos esto si nosotros mismos no lo cultivamos y lo descubrimos en nuestro ser, cuando encontramos a esa persona de la cual nos enamoramos es para compartir nuestra vida, amor y todo lo demás. Si no te quieres, te respetas y te valoras a ti mismo, nadie más lo hará por ti.

Al parecer la mayoría de la gente siempre anda en busca de algo que le falta en su vida y lo buscan en el exterior cuando todo lo que necesita está en ellos mismos.

Es una pena que no nos demos cuenta del potencial y la capacidad que poseemos como seres humanos, somos seres espirituales en un traje humano en este viaje corto al que llamamos vida y desperdiciamos mucho tiempo en encontrarnos a nosotros mismos y descubrir el poder de crear nuestro mundo tal y como lo queremos.

Si crees que puedes lograr algo, lo lograras y si no lo crees probablemente fracasaras o de otra forma ni siquiera lo intentaras, EL PODER ESTA EN TI, nadie va a creer en ti si tú mismo no lo haces, cree en ti mismo, te lo mereces y LO VALES.

El ser humano tiende a enfocarse más en los sucesos negativos que en los positivos y el motivo es porque cuando algo malo nos sucede, nos produce un impacto emocional que nos desbalancea, lo cual deja una huella muchas veces imborrable en nuestra memoria, pero si das una mirada al pasado te darás cuenta que en tu vida has tenido momentos de pequeños y/o grandes logros, a los que talvez no les has dado la importancia adecuada, recuérdalos y siéntete orgulloso de ellos, date cuenta que tienes el poder y la capacidad para lograr todo lo que pongas en tu mente, si lo haces con enfoque y con determinación.

Tú tienes el poder de cambiar tu vida, solo tienes que tomar la decisión y dar el primer paso, el momento es aquí y ahora. No te voy a mentir y decirte que solo tienes que desearlo y sucederá. Toda recompensa lleva de por medio trabajo, pero déjame decirte que vas a descubrir en ti el poder para hacer todo más fácil y te vas a divertir en el proceso, además de sorprenderte con las "coincidencias" que te sucederán.

CAPITULO 4

LA GRATITUD

Ha sido demostrado en años de investigación los efectos que tiene la gratitud, en el estudio (Emmons y McCullogh 2003) requirió a adultos que llevaran un diario. Un grupo registró acontecimientos de la vida diaria, el Segundo grupo registro sus experiencias desagradables y el tercer grupo registro todas las cosas por las cuales estaban agradecidos. Este grupo reporto los niveles más altos de estado de alerta y energía, mejor calidad de sueño y mejoro notablemente su sistema inmunológico.

En el estudio (Froh 2008) conducido con tres grupos de Escuela Secundaria, el grupo de gratitud mejoro su patología: menos dolores de cabeza, dolor de estómago y otros dolores en general.

El poder de la gratitud es increíble, mejora tu salud, incrementa tu felicidad y tu amor hacia la vida y la gente que te rodea.

La gratitud es lo que te va a ayudar a elevar tu vibración positiva, si dedicas solo unos cuantos minutos diariamente para pensar y agradecer por lo que tienes en este momento en tu vida, los resultados que obtendrás serán elevar tu buena energía y tu felicidad.

El mundo está lleno de energía y los seres humanos no somos la excepción, estamos llenos de ella, nosotros tenemos el control de la misma, las personas que están en una energía negativa, como por ejemplo: desesperación, tristeza, odio, rencor, dolor o amargura atraen todo lo malo, y en cierta forma no es su culpa conscientemente, porque ignoran y no poseen el conocimiento, que ahora tu posees.

A todos nos ha pasado alguna vez que nos levantamos con "el pie izquierdo" por ejemplo: se nos derrama el café en la ropa cuando estamos listos y a punto de salir al trabajo, y este es solo el primer suceso desagradable, llegamos corriendo a la parada del autobús cuando lo vemos partir a lo lejos porque ya no lo alcanzamos, y así transcurre el día con más eventos desagradables y el motivo es porque desde el primer momento nos enfocamos en el hecho negativo y nos dejamos llevar por las emociones del mismo.

Cuando estaba pasando por una serie de situaciones desagradables, me sentía como una víctima de la vida, donde todo lo malo estaba dirigido a mí, no me daba cuenta que yo misma contribuía para seguir en ese estado de negatividad, me la pasaba contando mis penas a cualquiera que se prestara a escucharme, así que cuando me encontraba con alguien conocido lo primero que me decía era: "y ahora que más te ha sucedido", "yo que tu mejor me hacia una limpia" o "Contigo cuando no es una cosa, es otra" hasta que tome responsabilidad de mi vida y mis circunstancias y decidí que ya había sido suficiente, estaba cansada del papel de "victima", empecé a darme cuenta de que tenía algunas cosas por las cuales estar agradecida, poco a poco fui incrementando mi lista de agradecimiento y sin darme cuenta mi energía cambio y empecé a atraer gente positiva a mi vida.

Puedes empezar al levantarte diariamente, da gracias por el nuevo día que estás viviendo, por tu familia, amigos, trabajo, por todo lo que posees en este momento, aunque no lo parezca tienes muchas cosas por los cuales estar agradecido.

Muchas veces estamos tan enfocados en todo lo que pasa a nuestro alrededor que nos olvidamos de ser agradecidos y no valoramos lo que tenemos hasta que de una u otra forma lo perdemos, empieza con tus seres queridos o amigos, agradéceles por su amistad o su cariño, notaras que cuanto más frecuentemente lo hagas más recibirás y tendrás mucho más amor para dar.

Tenemos que aprender a vivir con alegría, gratitud y amor hacia nosotros mismos y hacia los demás.

Una vez que te sintonices y estés en la misma frecuencia con la armonía de tu ser superior, estarás en una vibración más alta que te permitirá alcanzar tus sueños más anhelados.

CAPITULO 5

LA FELICIDAD

Cuando empecé la trayectoria de mi viaje yo pensaba que si lograba alcanzar el éxito y la libertad financiera, como consecuencia de esto obtendría felicidad, lo cual para mí era lo siguiente:

Éxito = Felicidad

Este es el concepto que algunas personas tienen en su vida, consiguen lo que ellos consideran el éxito en los negocios y mucho dinero pero aun así no son felices, siempre andan buscando alguna meta que cumplir creyendo que al hacerlo entonces serán felices. En algún momento de mi vida yo también lo considere así, pensaba que cuando alcanzara mis metas entonces sería feliz, estaba muy equivocada, no hay un camino hacia la felicidad, la felicidad es el camino hacia el éxito.

Felicidad = Éxito

Una vez que entendí esto, todo fue más fácil, ahora no tengo que sentirme triste, estresada o deprimida por las situaciones de la vida diaria y simplemente no tengo que esperar hasta que un determinado evento llegue para darme permiso de ser feliz, porque aprendí que yo tengo el control de mis emociones y decidí hacer un acuerdo conmigo misma de enfocarme en las cosas que me producen felicidad.

Tal vez en este momento de tu vida estés pensando que no tienes nada por lo cual sentirte feliz, pero estoy segura que si buscas en tu corazón encontraras esos motivos, enfócate en la sonrisa de tus hijos, nietos, sobrinos o seres queridos, en esas personas que han estado ahí cuando las has necesitado, en el alimento que puedes llevarte a la boca, en el techo que tienes para resguardarte diariamente, en tu familia, amigos, aunque no lo creas y sientas que tu situación es muy desafortunada, hay muchas personas en el mundo que carecen de todo esto, y si tú eres una de esas personas, que no tienen nada de lo que acabo de mencionar te tienes a ti mismo, tu vales mucho, eres un ser de luz y tienes una misión en este mundo, tu misión es poner tu granito de arena para hacer de este mundo un lugar mejor para ti mismo y para futuras generaciones.

En ocasiones tendemos a juzgarnos muy duramente por errores o decisiones que tomamos en el pasado y en muchas otras ocasiones permitimos que hechos de otras personas nos afecten, nos hacen sentir mal con nosotros mismos y quedamos atrapados en un camino sin salida, en un círculo donde solo estamos dando vueltas en el mismo lugar.

"El pasado ya paso" y no hay nada que podamos hacer para cambiarlo, es un desperdicio de tiempo y esfuerzo seguir pensando en ello, pero sé que es difícil muchas veces perdonarnos a nosotros mismos y a personas que nos hicieron daño alguna vez, déjame decirte que estos sentimientos no te permiten ser feliz y por lo tanto no te permiten continuar tu camino y te mantienen atado a una parte de tu vida que ya quedo atrás.

Como te habrás dado cuenta la gratitud y la felicidad van de la mano y ahora que ya sabes que puedes ser feliz, con lo que tienes en este momento, es hora de permitírtelo, te lo mereces, no importa tu pasado, no importan los errores que hayas cometido, no importa tu educación, tu estatus social, tu edad, no importa nada, te mereces ser feliz y alcanzar tus sueños, es tu DERECHO, créelo y permítelo.

Y es aquí es donde entra la Inteligencia Emocional, y te estarás preguntando: ¿Que es la

Inteligencia Emocional? La Inteligencia Emocional es la capacidad que tenemos todos los seres humanos de cambiar nuestros pensamientos y emociones a voluntad.

Con las practicas descritas anteriormente de PNL, Auto hipnosis y muchas otras que existen en la actualidad, vas a aprender a modificar y cambiar tus pensamientos y emociones a otras más positivas que trabajen para ti y que no saboteen tus planes y tu dirección hacia tus Éxitos.

Recuerda que vas a atraer a tu vida más de lo que ya tienes en este momento, así que si eres feliz con lo que tienes AQUI y AHORA vas a convertirte en un imán que atraerá mucha más felicidad.

CAPITULO 6

TU VISION PARA EL FUTURO

Para obtener tus éxitos y lograr tus sueños tienes que tener visión y sorprendentemente mucha gente no sabe lo que quiere o no tiene una idea definida de lo que desea y pudiera ser porque no nos atrevemos a soñar, ya sea porque creemos que no lo merecemos o porque creemos que no es posible, pero para alcanzar tus más preciados anhelos es necesario que seas lo más preciso posible en cuanto a lo que quieres, de otra manera no obtendrás buenos resultados, recuerda el Universo está aquí para complacerte, pero tienes que saber cómo pedirlo para recibirlo.

Si pusiera en tus manos la lámpara de Aladino, solo tendrías que frotarla, el genio aparecería enfrente de ti y con solo hacer tu pedido, obtendrías todo lo que deseas, pero al genio no le puedes decir: "Quiero ser famoso y reconocido" porque al no especificar en qué área exactamente quieres ser famoso y reconocido, lo vas a confundir y no sabrá como concederte tu deseo, o quizás te lo conceda, pero de manera errónea, en vez de llegar a ser un artista o escritor, llegues a ser famoso por algún hecho desafortunado. El Universo trabaja de la misma manera, tienes que ser especifico en lo que deseas.

Así que te voy a pedir que pienses en que quieres sin importar las circunstancias en las que te encuentres ahora, atrévete a volar muy alto, sin límites, no pienses en lo que costaría, que tendrías que hacer o como te llegaría, solo piensa en el resultado y se lo mas especifico posible, una parte muy importante es escribirlo, por ejemplo si quieres una casa, no escribas "quiero una casa grande" escribe con detalle todo lo que quieres en tu casa, como y donde la quieres, los colores, las texturas, los muebles, las recamaras, garaje, etc., tal vez la primera vez que hagas este ejercicio no te sientas muy cómodo imaginando tu deseo, pero si sigues practicando, muy pronto vas a empezar a agregarle detalles a tu sueño.

Una vez que tienes todos los detalles ahora imagínate que ya estás viviendo tu sueño, imagínate a tu familia y amigos compartiendo contigo felices porque ya has logrado lo que anhelabas, ahora eres una nueva persona, descubriste el secreto y sabes cómo ponerlo en práctica, imagínate como te sentirías, imagina la alegría de todos los que te rodean porque has logrado tu éxito, has cambiado para bien y puedes dar más a los demás, has cumplido uno de tus propósitos en la vida que es crecer como ser humano.

Un aspecto muy importante de la visualización en el proceso de alcanzar tus éxitos, es la emoción, los sentimientos que te hacen sentir que en este caso deberían ser: felicidad, plenitud, satisfacción y sentirte orgulloso de ti mismo, si por el contrario sientes algún sentimiento de tristeza, ansiedad o desconfianza, esto significa que hay algo que no está en sintonía contigo mismo, con tus sueños y la infinita inteligencia del universo. Analiza que es lo que te está causando ese sentimiento, muchas veces el motivo es que no tienes fe en que puede ser posible o talvez sientes que no te lo mereces, si esta es la situación, antes de empezar tu visualización, tienes que creer. La ley de la atracción es muy simple, así como la ley de la electricidad o la ley de la gravedad funcionan, de la misma forma sucede con la ley de la atracción, si estas en sintonía con lo que quieres, lo atraerás inevitablemente.

Un ejemplo simple que te puede ilustrar porque a veces La Ley de la Atracción no funciona es el siguiente: Imagínate que tienes un foco nuevo y una lámpara de mesa que funcionan muy bien, pero la lámpara tiene el foco fundido, así que lo cambias por el foco nuevo y el resultado que esperas es que la lámpara encienda, pero no lo hace, buscas el cable y te das cuenta que no estaba conectado a la toma de corriente eléctrica, entonces no significa que contigo la lámpara no quiere funcionar, simplemente el motivo es que no está conectada a una fuente de energía eléctrica, de igual manera funciona La Ley de la Atracción, es una Ley como cualquier otra que siempre funciona. ¿Te das cuenta? Tú eres esa lámpara y conectada a esa fuente de energía que es La Ley de la Atracción te vas a "iluminar".

Cuando empieces a practicar tu visualización te aconsejo que empieces con unas frases de agradecimiento por esas bendiciones que ya tienes en tu vida y que te producen felicidad, eso te hará más fácil canalizar esos sentimientos hacia tu visualización y conectar tu frecuencia con esa inteligencia infinita que empezara a atraer en tu vida todos tus sueños.

CAPITULO 7

SEGURIDAD EN TI MISMO

La mayoría de las personas no nacen sintiéndose seguros de ellos mismos, esto es una cualidad que aprendemos a lo largo de nuestra vida, es cierto que hay personas que tienen cierta facilidad para desarrollarla, pero eso no significa que el resto de nosotros no seamos capaces de hacerla parte de nuestra personalidad, para mi este fue un obstáculo con el que tuve que luchar por mucho tiempo, por lo tanto no me dejaba manifestar mis deseos, porque me inhibía y no me permitía verme como una triunfadora.

Por años trate en vano de hacer que la ley de la atracción funcionara para mí, hacia todo lo recomendado, pero parecía que enfrente de mi había una pared invisible que me detenía y que no me dejaba concretar mis sueños, y algo que estaba faltando era que yo misma no creía en mí y en mi capacidad de hacer mis metas realidad, no tenía "SEGURIDAD EN MI MISMA".

      Desde muy pequeña me di cuenta de que era muy tímida y mi madre reafirmaba constantemente esa debilidad cuando me presentaba ante sus amistades, me escondía detrás de su falda y ella solo comentaba: "Es una niña muy tímida", pase por toda mi niñez sufriendo burlas y comentarios por ser tan tímida, mi deseo en aquel momento era ser "invisible" para que nadie me viera, en la escuela me aterrorizaba cada vez que tenía que exponer un tema, pero el ser humano es muy hábil y aprendí como evitarlo, cada vez que tenía que presentar un trabajo en equipo, yo hacia todas las gráficas, en general todo el trabajo, pero mi condición era no hablar enfrente de la clase, como te imaginaras superar esta condición no fue fácil, pero no imposible, tuve que hacer algunos cambios en mi mentalidad y lo logre, ahora soy una persona muy diferente a la que era hace apenas unos cinco años atrás.

Me imagino que al estar leyendo esto te estás diciendo a ti mismo que es imposible, pero no lo es, a lo mejor en tu caso tengas que tomar alguna clase, algún curso, incluso puedes ver videos de gente que ha superado este problema, tú también lo puedes hacer, no esperes a estar completamente listo, empieza ya, en esa reunión con compañeros de trabajo, en el autobús, o simplemente con tus familiares y amigos, algo muy simple que ayuda muchísimo es empezar una plática, no te sientas desanimado si al principio la gente no se "engancha" contigo, sigue intentando y practicando y te sorprenderás a ti mismo cuando poco a poco te sientas más cómodo hablando con la gente y sin darte cuenta te manejes como pez en el agua.

Si de otra manera lo que quieres lograr es un mejor empleo, independizarte y poner tu propio negocio o quieres lograr un ascenso, algo que te daría más confianza en ti mismo es preparación, edúcate y aprende más acerca del tema en el que estas interesado, aun si no tienes dinero en este momento para empezar cursos o clases, el internet está lleno de información y videos totalmente gratis de los cuales puedes sacar provecho. Recuerda: el que busca, encuentra. Con esto te quiero decir que si tomas pasos en dirección a lo que quieres, el universo te abrirá las puertas a nuevas posibilidades y oportunidades que se te presentaran inesperadamente.

Así que no hay excusas, para los ganadores no existe el "No tengo dinero", "No sirvo para eso", "No tengo tiempo" etc., etc., todos podemos mejorar nuestra autoestima, solo tienes que decidirlo y con esta palabra no te estoy diciendo que lo pongas en tus planes para el futuro, cualquiera que sea lo que el futuro significa para ti: mañana, la semana entrante, el mes siguiente, el próximo año, etc… decídelo ya, decídelo hoy, decídelo en este MOMENTO!

CAPITULO 8

AFIRMACIONES

Las afirmaciones son las VITAMINAS ESPIRITUALES para nuestra mente. Así como tomamos vitaminas para nutrir nuestro cuerpo físico también es muy importante nutrir nuestra mente y nuestro cuerpo espiritual con afirmaciones positivas acerca de nosotros mismos.

Esta es una de las prácticas que vas a usar para cambiar tus creencias negativas por positivas de las que hablábamos en el primer capítulo.

Una forma de hacerlo es repetirte a ti mismo una frase que quieres implantar en tu mente subconsciente, tan pronto como te levantes párate frente a un espejo y repite diez veces la misma frase con energía y positivismo, repítela en voz alta y feliz, en conclusión: CREELO en toda la expresión de la palabra, como por ejemplo:

"Estoy feliz y agradecido porque atraigo a mi vida lo que necesito para tener éxito"

"Tengo seguridad en mí mismo y lo reflejo en mi persona"

"El dinero viene a mi constantemente y en cantidades mayores cada día"

"Estoy atrayendo a la pareja perfecta para mi"

"Estoy logrando el peso ideal, gozo de excelente salud y tengo un cuerpo fuerte"

O cualquier otra afirmación positiva que empodere lo que quieres lograr.

Es muy importante hacer esto por lo menos tres veces al día, si puedes hacerlo más veces es mucho mejor, otra sugerencia sería poner pequeñas notas en diferentes lugares en tu casa o en tu trabajo, por ejemplo: en el refrigerador, en tu espejo, en tu computadora, en la mesita de noche junto a tu cama, en tu escritorio, etc. para que cada vez que encuentras una de estas notas las repitas, lo que vas a lograr con este proceso es cambiar los paradigmas de los que te hablaba anteriormente en este libro, por afirmaciones positivas que se grabaran en tu mente subconsciente.

Algo muy importante es hacer tus afirmaciones de manera positiva y nunca utilices el "NO" y nunca hagas afirmaciones de manera negativa o enfocándote en lo que "NO QUIERES", por ejemplo:

"No quiero perder mi trabajo"

"No quiero pasar por necesidades económicas"

"Deseo pagar mis deudas"

"Deseo perder peso"

En los ejemplos anteriores te muestro la forma errónea de hacer afirmaciones, en los primeros dos ejemplos se utiliza el "No" y nuestro subconsciente no sabe el significado del No, todo lo que está escuchando es el resto de la oración, en los últimos dos ejemplos las afirmaciones están de forma negativa, porque para que puedas pagar tus deudas primero tiene que haber deudas o en el caso de perder peso primero tiene que haber sobrepeso. Aclarado lo anterior, ahora vamos a enfocarnos en afirmaciones positivas que cambien las creencias limitantes existentes.

Según algunos autores tu cerebro tarda 21 días en cambiar o aceptar creencias nuevas en tu subconsciente, pero yo te voy a sugerir que lo hagas por 30, esto quiere decir que por 30 días tienes que bombardear tu mente con afirmaciones positivas. Si por algún motivo te olvidas por uno o dos días de hacer estos ejercicios, no te preocupes, empieza de nuevo, pero hazlo constantemente por 30 días seguidos.

Curiosamente sin tener ningún conocimiento en el tema yo sabía que mi vocecita interior no me dejaba avanzar y empecé a utilizar videos, afirmaciones, meditaciones guiadas antes de dormir, e incluso me quedaba dormida escuchando afirmaciones positivas, todo esto me ayudo para cambiar mi mente subconsciente.

Te voy a sugerir que si en 30 días no sientes ningún cambio lo sigas haciendo, no desistas, muchas veces las programaciones que tenemos grabadas son muchas o están muy arraigadas en nuestra mente y no todas las personas responden igual a las terapias, porque estas prácticas son "terapias" que estas utilizando para modelar tu subconsciente y para que este sea tu aliado y no tu enemigo.

En el caso de que no sepas cuales son las creencias que tienes que cambiar, un método sencillo que te va a ayudar es reconocer tus sensaciones o emociones, cuando por ejemplo recuerdas algo desagradable que te ocurrió en el pasado y aun ahora sientes ese malestar, ya sea, ira, tristeza, vergüenza o simplemente sientes que no eres lo suficientemente valioso, cualquiera que sea, esto quiere decir que no lo has superado y que te está impidiendo avanzar, te voy a poner un ejemplo: en mi caso mi madre siempre se reía de mi cuando me atrevía a soñar, que algún día seria rica, que iba a tener una casa muy grande, que viajaría por el mundo, etc. ella siempre me decía: "pobre naciste y pobre te vas a morir" por supuesto que tus padres no lo hacen con ninguna mala intención, ellos quieren evitarte el dolor del desengaño y la desilusión, pero son creencias limitantes que se quedan contigo para siempre y son difíciles de borrar de tu subconsciente, y así como esta hay muchas otras.

En mi caso tuve que reafirmar constantemente que merecía tener abundancia y prosperidad porque es mi derecho y porque lo valgo. Aun en estos días constantemente tengo que estar retroalimentando mi mente con afirmaciones y mensajes positivos, porque de vez en cuando me sorprendo a mí misma recordando mis viejos paradigmas. Tal vez en tu caso tu creencia tenga que ver con la salud o con el amor, pero cualquiera que sea busca afirmaciones positivas que cambien estos condicionamientos en tu subconsciente.

CAPITULO 9

MEDITACION

No te asustes... no te voy a pedir que te pongas en Flor de Loto y te quedes en éxtasis por horas... (Que no estaría nada mal, si lo puedes hacer), pero si te voy a pedir que dediques unos cuantos minutos al día para meditar.

La meditación es la forma más pura y natural que tiene tu mente y cuerpo para conectar espiritualmente con tu ser superior, todos tenemos esa habilidad sin desarrollar de estar en comunión con esa inteligencia superior en el Universo o Dios.

Si tienes una mente muy activa al principio te será difícil mantenerla callada y quieta, pero con practica lo dominaras, para algunas personas es mucho más fácil una meditación guiada, te voy a recomendar que si empiezas de esa manera poco a poco vayas prescindiendo de ella, o talvez escuches tu meditación y en cuanto termine continúes sin guía, solamente con la quietud de tu mente. La idea es escuchar lo que tu ser superior en el infinito tiene que comunicarte, a través de la meditación puedes encontrar la paz que muchas veces necesitamos con el ir y venir de la vida diaria, este es el medio por el que vas a recibir orientación, respuesta a tus preguntas o dudas en forma de imágenes, colores, nombres, números, que al principio no entenderás y talvez no le encontraras sentido, pero poco a poco lo harás, entre más desarrolles esa habilidad, se te hará más fácil recibir guía aun cuando no estés meditando.

Para empezar tu meditación ponte en una posición cómoda, de preferencia sentado, pero recargado en una silla, sofá, cama, lo que se te haga más confortable, cierras tus ojos y respira profundo tres veces, cuenta hasta tres cuando estés inhalando y cuanta hasta cinco cuando exhales, después de esto deja que tu respiración vuelva a su estado normal, la idea de la meditación es callar tu mente, así que si un pensamiento llega solo obsérvalo y déjalo ir, no te frustres, ni te molestes si eso pasa, es normal, poco a poco tu mente ira quedando en un silencio total y solo observa y escucha los mensajes que te lleguen, puedes meditar por 15 minutos o el tiempo que creas necesario y con el que te sientas a gusto, una vez que consideres que fue suficiente empieza por mover lentamente tus manos y pies hasta que te sientas completamente despierto.

Ten a la mano papel y lápiz, para que cuando termines tu meditación escribas lo que veas, sientas y escuches durante la misma, aun cuando pienses que tu mente lo está inventando o imaginando, poco a poco le iras encontrando sentido.

Te voy a sugerir que hagas esta meditación en las mañanas cuando te levantes, no te quedes acostado porque te volverás a quedar dormido, siéntate en una posición cómoda, de preferencia siempre medita en el mismo lugar, si no te es posible en las mañanas puedes hacerlo a cualquier hora, también puedes aprovechar para hacer tu visualización junto con tu meditación o lo puedes hacer por separado, cualquiera que sea la forma en que te sientas mejor.

Por las mañanas al despertarnos y por las noches antes de dormir estamos en un estado de consciencia llamado Alfa, que es cuando la mente se encuentra en un estado más susceptible para influenciarla y reprogramarla, igualmente en el estado Theta, que se consigue cuando te relajas y meditas, no importa la hora del día en que lo hagas, por este motivo seria de vital importancia hacer tu visualización también en este momento.

Hay 4 estados generales de la mente Beta, Alfa, Theta y Delta, en los que nuestro cerebro emite ondas cerebrales a diferentes frecuencias, también llamadas oscilaciones electromagnéticas, y en los que se puede reprogramar tu subconsciente alineando tus programaciones con estas mismas.

BETA: Estado de alerta, enfoque en la acción, ocupado pensando.

ALFA: Estado relajado, imaginación, semiinconsciente.

THETA: Estado de meditación, flujo de ideas, enlace al inconsciente.

DELTA: Estado de inconsciencia, sueño profundo.

Actualmente puedes encontrar en el mercado meditaciones guiadas con música que imita las ondas cerebrales y hacen que las programaciones o afirmaciones pasen a tu subconsciente de manera directa. Alfa y Theta son los estados que se utilizan para este propósito, ya que ha sido demostrado científicamente que es cuando estamos utilizando nuestro lado derecho del cerebro que es nuestro lado creativo y de esta forma se evita la intervención del lado izquierdo que se encarga de las capacidades y pensamientos lógicos.

CAPITULO 10

TODO ES CREADO DOS VECES

De la misma forma en que un arquitecto dibuja sus planos y luego construye un edificio, a través de la historia todo ha sido creado dos veces, todos los grandes inventos como el aeroplano, la electricidad, la computadora y en general todo en este mundo han sido creados primero en la imaginación y luego en la realidad física, todo es creado de la misma manera, todos lo sabemos, tú lo sabes, lo que no sabías hasta ahora, es el poder que está en ti, el poder de crear tu vida y tus éxitos, primero haciendo tus planos en la imaginación y luego haciéndolo en la realidad física con la ayuda del Universo.

Aunque estos conocimientos están disponibles para todos, muchas personas no lo saben o no lo creen, te vas a encontrar con gente que su burle de tus sueños o que traten de desanimarte y no porque no quieran lo mejor para ti, sino porque para ellos no es posible, quizás piensen que es una pérdida de tiempo o crean que esto es cosa de locos, solo ten presente que toda esa gente que logro estos grandes inventos a través de la historia pasaron por lo mismo y no se dieron por vencidos, sabían que estaban en el camino correcto y no permitieron que otros interfirieran en sus sueños.

No pretendo que creas que con solo desearlo sucederá, o que con imaginarlo aparecerá como por arte de magia, tiene que haber una acción, algo que te acerque a tu objetivo, empieza lo más pronto posible a dar pasos hacia tu meta.

Vamos a suponer que tu deseo es comprar la casa de tus sueños, pero en este momento no tienes para el enganche y no tienes un trabajo seguro, lo primero que tienes que hacer es fraccionar tu finalidad o en otras palabras dividirla en pequeñas metas, talvez el primer paso sea obtener un empleo que te permita ganar un mejor sueldo y ahorrar para tu casa, entonces empieza por prepararte y buscar un trabajo mejor, esto sin perder la perspectiva de tu casa, siempre tienes que tener en tu mente tu destino final, muchas veces tendrás que cambiar los planes o irlos reajustando, el Universo te ira dando las pautas para eso, probablemente se te presenten nuevas oportunidades o diferentes caminos para llegar a tu meta, incluso puede suceder que te saques la lotería o recibas alguna herencia, no importa lo que pase, solo ten presente el resultado final de tu sueño, sin interferir con el universo, las oportunidades se darán por si solas.

En ocasiones la gente espera a "estar lista" o "estar suficientemente preparada" para cambiar, hacer algo o empezar algún proyecto y no toman acción, este es el error más grande que se puede cometer, si nunca das un paso hacia tus metas, nunca vas a llegar a ningún lado, en el peor de los casos, es mejor darte cuenta de tus errores y componerlos o tomar un rumbo diferente, a esperar por siempre para dar ese primer paso, las personas que esperan por siempre, nunca logran nada.

Muchas veces simplemente puedes pensar que ese es el camino que tienes que tomar y pueden suceder cosas que te muestren que estabas equivocado, entonces solo hay que redirigir el rumbo, no te empeñes en seguir en el mismo camino, o quizás se faciliten las cosas y se te presente una nueva oportunidad que te acelere el proceso.

Decídete a empezar con los primeros pasos, siéntete seguro de que estas en el camino hacia tu meta y veras como el universo se confabula en facilitarte los medios para que alcances tu destino.

"SOLO HAY UNA COSA QUE HACE UN SUEÑO IMPOSIBLE DE ALCANZAR: EL MIEDO A FRACASAR"

Paulo Coelho.

Muchas personas tienen miedo a emprender algo por el miedo a fracasar, yo considero que el fracaso no existe, son solo tropiezos que te ayudan a rediseñar el camino, solo hay que reevaluar la situación y seguir adelante, toda experiencia trae una enseñanza, si por el contrario te equivocas y no lo vuelves a intentar entonces lo puedes llamar fracaso.

La mayoría de la gente Exitosa son personas que tuvieron negocios que fracasaron antes de que encontraran un negocio con el que finalmente alcanzaron el Éxito y la libertad financiera, pero no se dieron por vencidos y siguieron intentándolo hasta lograrlo. ¿Notaste la diferencia? Tuvieron "negocios que fracasaron" ellos como personas nunca lo hicieron, aprendieron de sus errores y lo siguieron intentando. ¿Que tienen ellos que no tienes tú? La respuesta es: Nada diferente, tú tienes el mismo potencial de tener Éxito, cualquiera que sea lo que el éxito significa para ti.

CAPITULO 11

RESUMEN: BLUEPRINT

En resumen, poniendo en práctica todo lo anteriormente descrito vas a substituir tus ideas limitantes por ideas sin límites que te empoderen, implementando la meditación y visualización, vas a cambiar tu energía a una más positiva que te permita estar en sintonía con lo que deseas en tu vida y empezaras a atraer personas y oportunidades que te acercaran día a día a tu meta.

Tus pensamientos son oraciones al Universo pidiendo tus sueños, me refiero al universo como el poder al que todos tenemos acceso, pero tú puedes llamarlo: Dios, Creador, Padre, Vida, etc. veinticuatro horas al día tu mente está constantemente "orando" o "pensando", que en concepto es lo mismo, tenemos en nuestra realidad lo que continuamente tenemos en nuestra mente, así que tenemos que ser más conscientes de lo que nos permitimos recrear en ella. Recuerda, cada uno de nosotros poseemos el control de nuestra mente.

En Ingles hay un refrán que dice "Fake it 'til you make it" que quiere decir "Finge hasta que lo consigas" en este caso yo diría "Fíngelo hasta que lo llegues a SER", muchos de los grandes millonarios y empresarios del mundo empezaron así, si tú te lo crees lo vas a lograr, solo es cuestión de práctica.

Este es tu "BLUEPRINT", tu plano para alcanzar eso que tanto deseas, y los mismos principios los puedes utilizar para todas las áreas de tu vida que quieras mejorar: Salud, Finanzas, Amor y Relaciones de todo tipo.

Todo en la vida requiere tiempo de gestación, nada sucede de la noche a la mañana, aunque aparentemente veamos en la televisión o en las revistas de gente que ha triunfado, no quiere decir que fue instantáneo, lucharon por su Éxito, cayeron y se levantaron, probablemente muchas veces tuvieron que redirigir su barco y estoy segura que hubo momentos en que navegaron a la deriva sin saber qué rumbo tomar, pero nunca se dieron por vencidos.

"CUANDO EL ALUMNO ESTA LISTO, EL MAESTRO APARECE"

El hecho de que estés leyendo este libro quiere decir que estás listo, no te dejes influenciar o desanimar por nadie, Tú tienes EL PODER de crear tu vida, empieza hoy, créala de manera perfecta para ti y para el mundo. El mejor regalo que puedes ofrecerle a la humanidad es el realizar tu propósito de vida y es tu obligación como ser humano contribuir a este mundo con tu don. Si tu logras tus metas, todos a tu alrededor se verán beneficiados y serás inspiración para todas las personas que te conozcan. Ten siempre presente: Es tu vida, hazla TU ÉXITO.

BONO DE REGALO

Estas son algunos ejercicios que te pueden ayudar a descubrir y logar Tus Éxitos, poniendo en práctica los puntos en este libro:

1. Escribe tres cosas que quieras lograr en tu vida en orden de prioridad (mi consejo es que empieces por la más pequeña y te enfoques en esa primero)

   _____
   _____
   _____
   _____
   _____

2. Desde este momento yo tengo el control de mi vida y decido tomar la acción necesaria para cambiarla, estoy determinado a conseguir mi primera

meta que es la siguiente: _____ _____
Voy a empezar a tomar pasos en dirección a ella, no voy a fracasar porque el fracaso no existe y tengo una clara imagen de lo que quiero.

3. Desde hoy decido no escuchar comentarios negativos de gente bien intencionada y no me dejare llevar por mi propio subconsciente y mis creencias limitantes, desde hoy empiezo a substituir erróneos conceptos que tengo de mí por otros más positivos que me ayuden a alcanzar mis sueños.

4. A partir de hoy reconozco que estaba equivocado por la aparente realidad en la que vivo, ahora sé que poseo en mí el poder creador y me

doy cuenta que puedo lograr lo que me proponga.

5. Me comprometo a tomar acción aunque sienta que no estoy listo todavía, ahora sé que el universo me acercara a las personas y oportunidades para lograr mi sueño en esta fecha:
_____
_____

Dependiendo de cuál sea tu sueño, puedes ponerte metas a un mes, tres meses, seis meses o un año, puedes empezar con metas chicas a un mes. No te desesperes y renuncies si no las alcanzaste en el tiempo que determinaste, no te rindas, sigue adelante y lo lograras.

Muchas veces necesitamos guía, información y apoyo para alcanzar nuestros sueños, te invito a que visites mi página de internet en la que encontraras tips y ayuda para hacer tu camino más fácil.

www.mariaburnstuexito.com